CÍRCULOS COM NÚMEROS

DESTAQUE ESTES CÍRCULOS E USE-OS NA ATIVIDADE DA PÁGINA 15 DO SEU LIVRO.

1 3 5

7 9

USE O ENVELOPE DA PÁGINA 47 PARA GUARDAR AS PEÇAS DESTACADAS DESTE MATERIAL.

2 4 6

8 10

CÍRCULOS COM NÚMEROS
CÍRCULOS COM NÚMEROS
CÍRCULOS COM NÚMEROS
CÍRCULOS COM NÚMEROS
CÍRCULOS COM NÚMEROS

CÍRCULOS COM NÚMEROS
CÍRCULOS COM NÚMEROS
CÍRCULOS COM NÚMEROS
CÍRCULOS COM NÚMEROS
CÍRCULOS COM NÚMEROS

SOMANDO CINCO

DESTAQUE ESTES CÍRCULOS NUMERADOS E USE-OS NAS ATIVIDADES DAS PÁGINAS 14 E 16 DO SEU LIVRO.

1　1

2

2　3

3

4　4

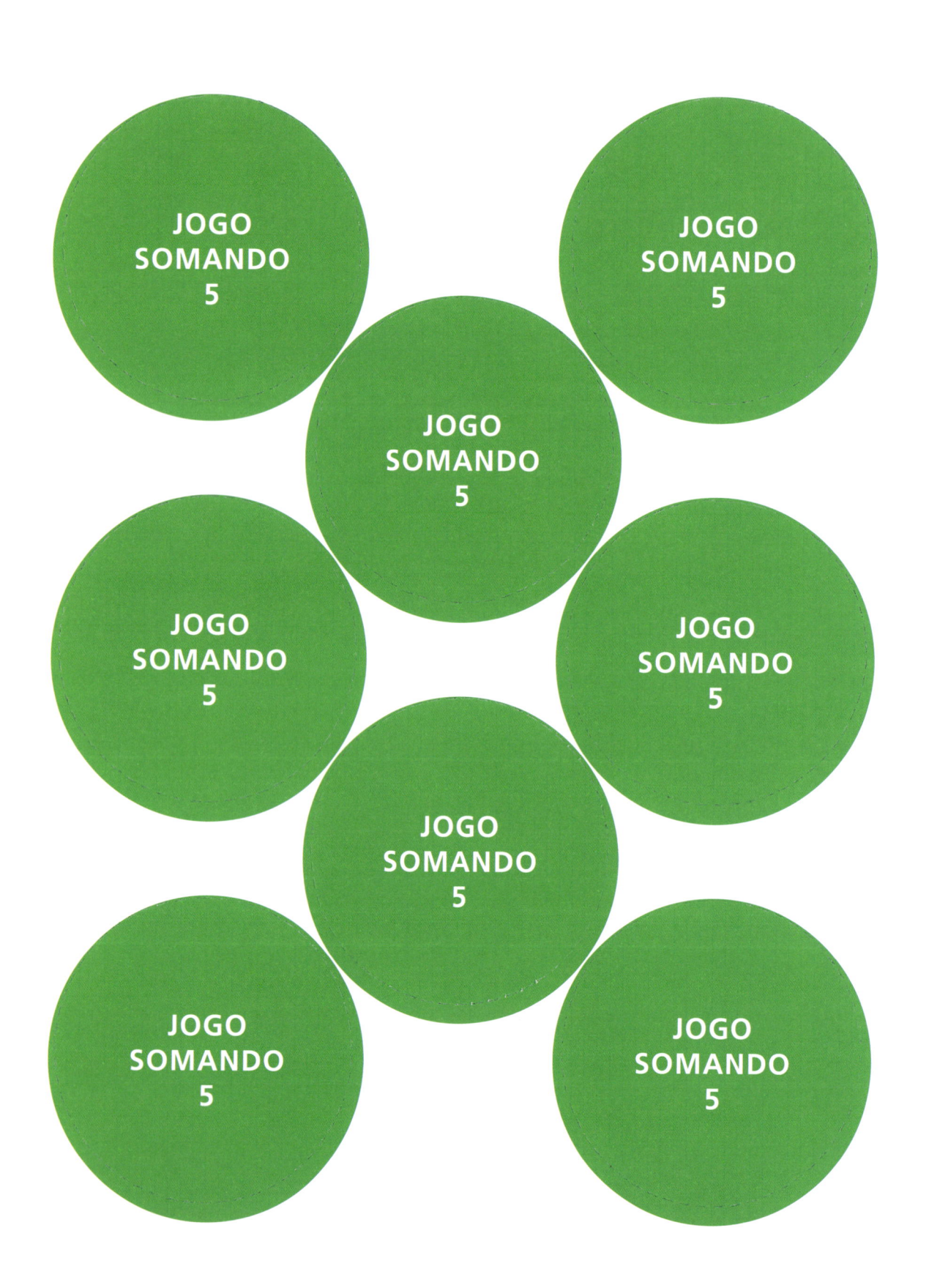

- JOGO SOMANDO 5
- JOGO SOMANDO 5
- JOGO SOMANDO 5
- JOGO SOMANDO 5
- JOGO SOMANDO 5
- JOGO SOMANDO 5
- JOGO SOMANDO 5
- JOGO SOMANDO 5

CALENDÁRIO 1

DESTAQUE ESTE QUADRICULADO. MONTE UM CALENDÁRIO USANDO OS ADESIVOS DA PÁGINA 57.

MÊS _____

DOMINGO	SEGUNDA-FEIRA	TERÇA-FEIRA	QUARTA-FEIRA	QUINTA-FEIRA	SEXTA-FEIRA	SÁBADO

CALENDÁRIO 1

CALENDÁRIO 2

DESTAQUE ESTE QUADRICULADO. MONTE UM CALENDÁRIO USANDO OS ADESIVOS DA PÁGINA 59.

MÊS _____

DOMINGO	SEGUNDA-FEIRA	TERÇA-FEIRA	QUARTA-FEIRA	QUINTA-FEIRA	SEXTA-FEIRA	SÁBADO

TABULEIRO

DESTAQUE ESTE TABULEIRO E USE-O NO JOGO **CONSTRUINDO MUROS** DA PÁGINA 25 DO SEU LIVRO.

ELE TAMBÉM SERÁ USADO NAS ATIVIDADES DO **REFORMANDO** DAS PÁGINAS 100 E 108 DO SEU LIVRO.

TIJOLINHOS

VOCÊ VAI USAR ESTES TIJOLINHOS NAS ATIVIDADES DAS PÁGINAS 25 E 100 DO SEU LIVRO.

DADOS PARA JOGOS

DESTAQUE ESTES MOLDES E MONTE OS DADOS. USE-OS NOS JOGOS DO SEU LIVRO.

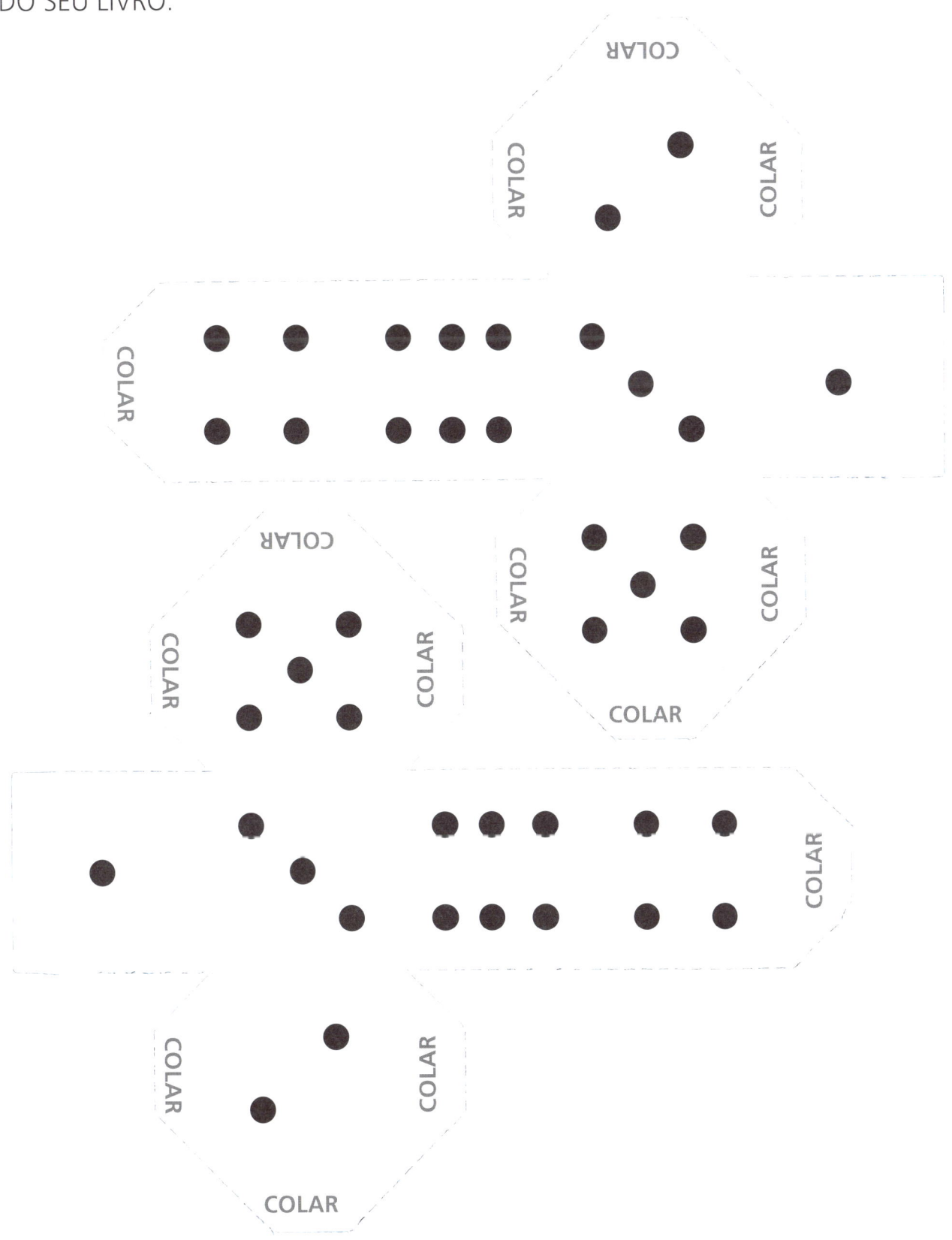

CUBOS COLORIDOS

DESTAQUE E MONTE ESTES MOLDES DE CUBOS. USE-OS NAS ATIVIDADES **CONHECENDO O CUBO** DA PÁGINA 26 E **EMPILHANDO CUBOS** DA PÁGINA 44 DO SEU LIVRO.

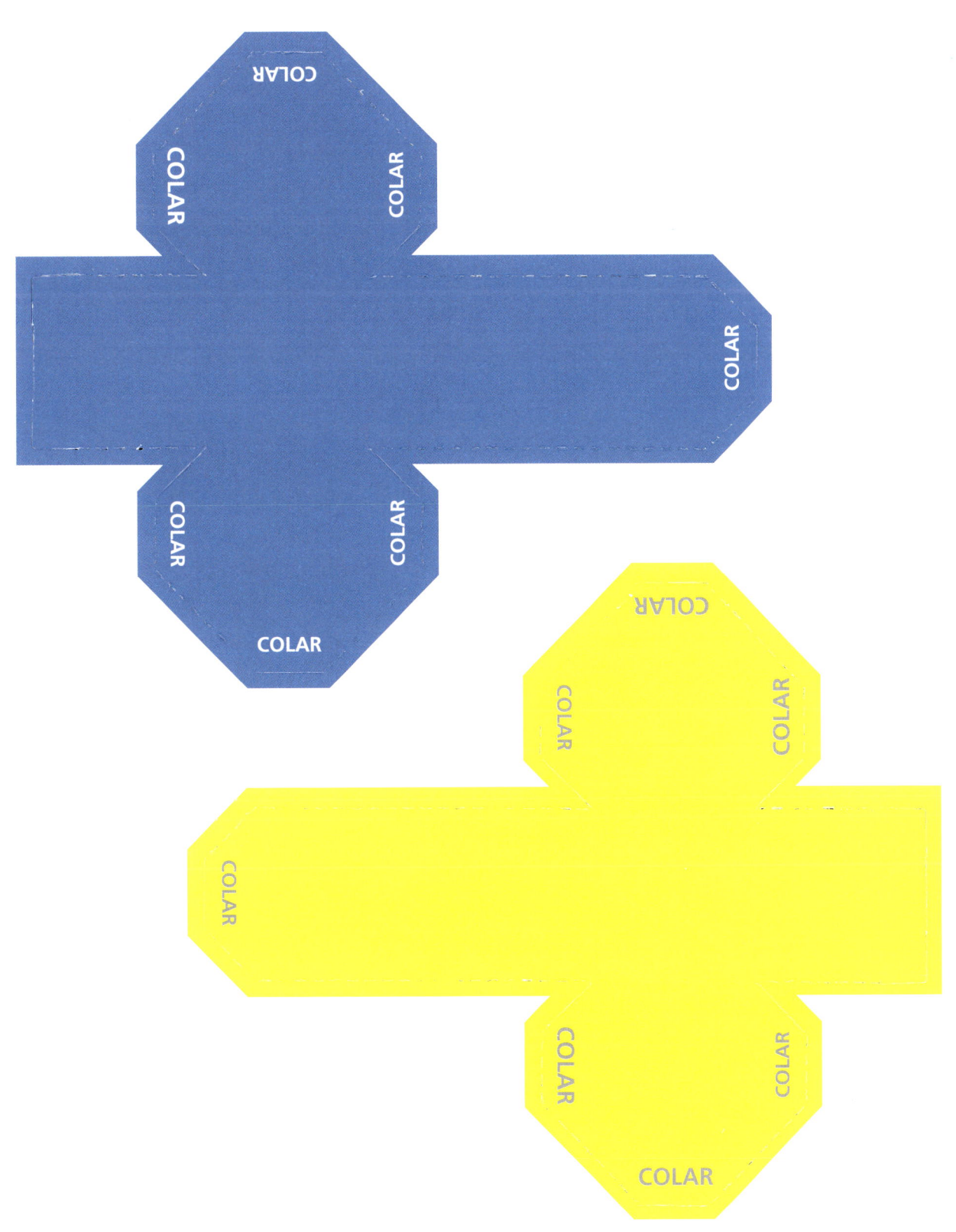

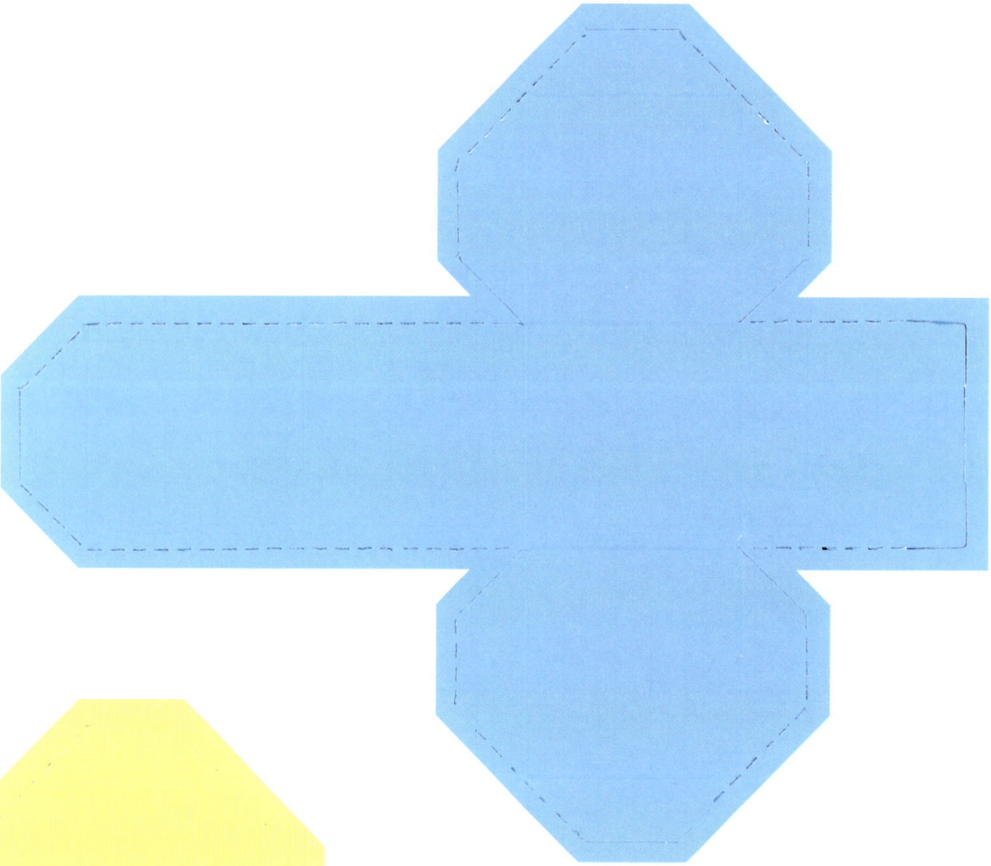

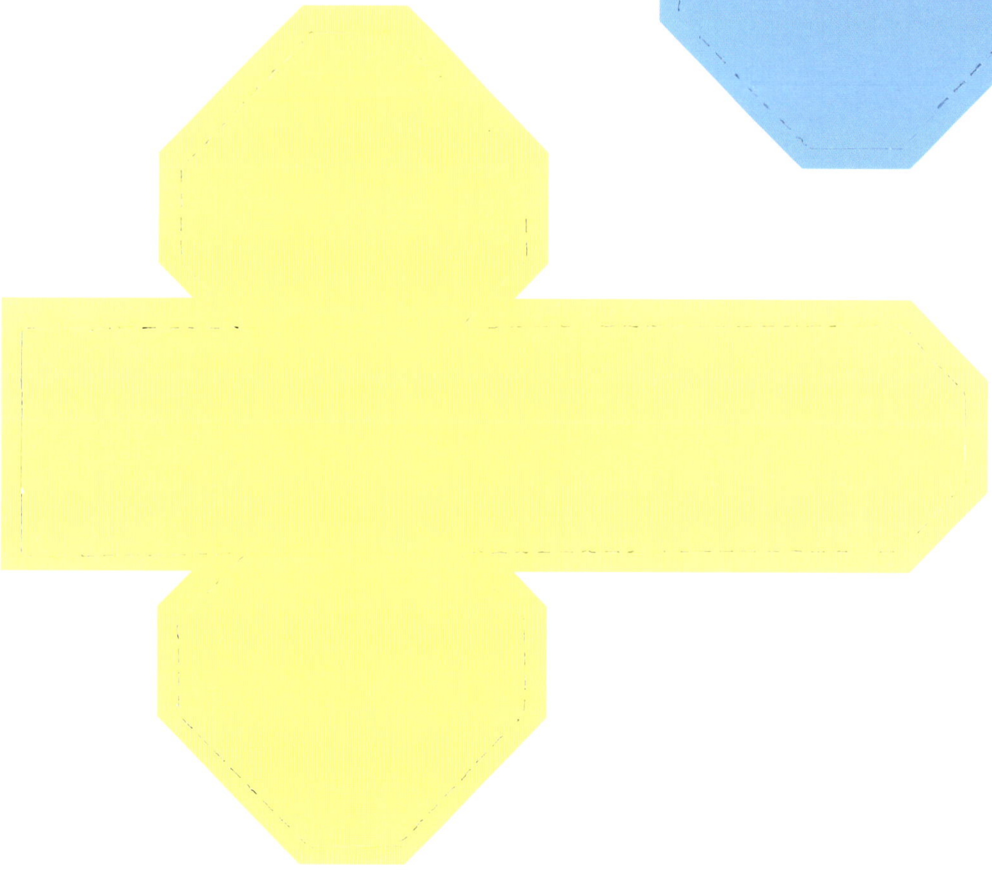

A TRILHA DA AVENTURA

DESTAQUE ESTES CÍRCULOS E USE-OS NA ATIVIDADE DA PÁGINA 39 DO SEU LIVRO.

A TRILHA DA AVENTURA A TRILHA DA AVENTURA A TRILHA DA AVENTURA

A TRILHA DA AVENTURA A TRILHA DA AVENTURA

A TRILHA DA AVENTURA A TRILHA DA AVENTURA A TRILHA DA AVENTURA

A TRILHA DA AVENTURA A TRILHA DA AVENTURA

BINGO DE NÚMEROS

AQUI ESTÃO MAIS DUAS CARTELAS PARA VOCÊ JOGAR BINGO, COMO NA PÁGINA 47 DO SEU LIVRO.

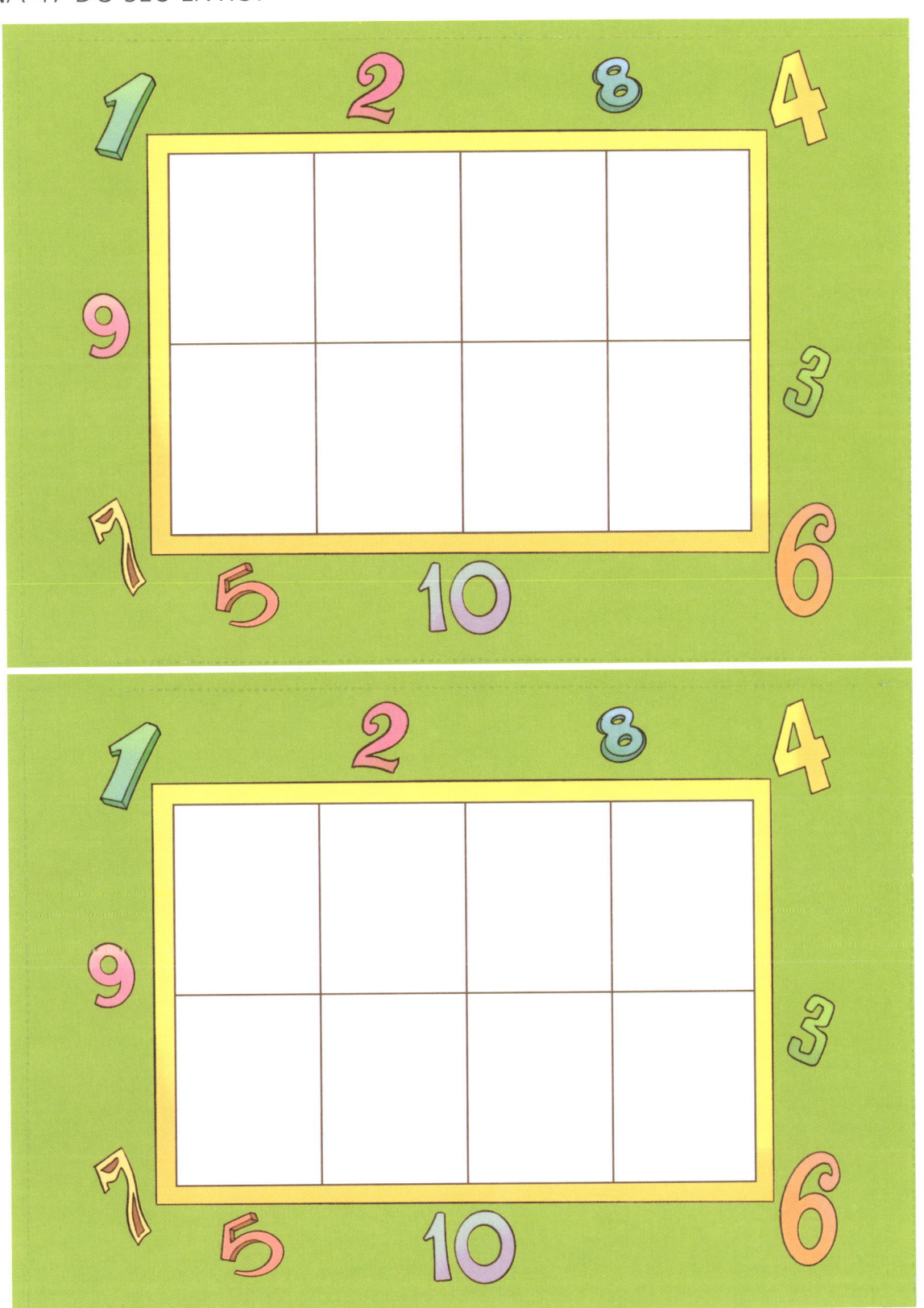

SOMANDO 10

DESTAQUE ESTAS CARTAS E USE-AS NO JOGO DA PÁGINA 55 DO SEU LIVRO.

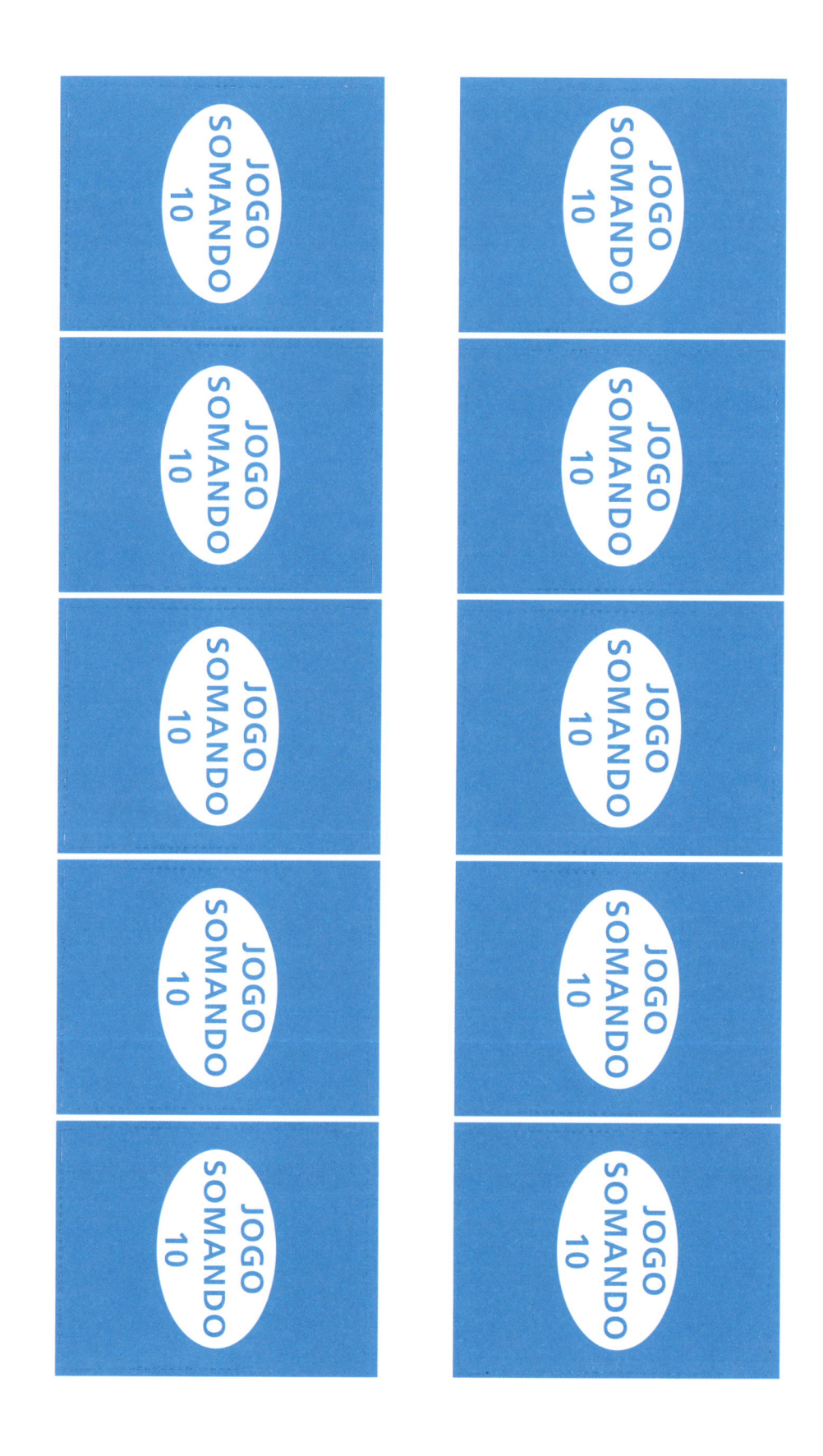

JOGO SOMANDO 10	JOGO SOMANDO 10
JOGO SOMANDO 10	JOGO SOMANDO 10
JOGO SOMANDO 10	JOGO SOMANDO 10
JOGO SOMANDO 10	JOGO SOMANDO 10
JOGO SOMANDO 10	JOGO SOMANDO 10

NOSSO DINHEIRO

DESTAQUE ESTAS CÉDULAS E MOEDAS E USE-AS NAS ATIVIDADES DAS PÁGINAS 73 E 74 DO SEU LIVRO.

Cédulas e moedas: captura via escâner

NOSSO DINHEIRO

DESTAQUE ESTAS CÉDULAS E USE-AS NAS ATIVIDADES DAS PÁGINAS 73 E 74 DO SEU LIVRO.

BANCO CENTRAL DO BRASIL
10
A H 039861691
A H 039861691
DEZ REAIS

BANCO CENTRAL DO BRASIL
5
A A 044049402
A A 044049402
CINCO REAIS

BANCO CENTRAL DO BRASIL
10
A H 039861691
A H 039861691
DEZ REAIS

BANCO CENTRAL DO BRASIL
10
A H 039861691
A H 039861691
DEZ REAIS

BANCO CENTRAL DO BRASIL
20
A D 014201078
A D 014201078
VINTE REAIS

BANCO CENTRAL DO BRASIL
20
A D 014201078
A D 014201078
VINTE REAIS

BANCO CENTRAL DO BRASIL
50
A A 035446586
A A 035446586
CINQUENTA REAIS

BANCO CENTRAL DO BRASIL
20
A D 014201078
A D 014201078
VINTE REAIS

BANCO CENTRAL DO BRASIL
100
A A 015799106
A A 015799106
CEM REAIS

BANCO CENTRAL DO BRASIL
50
A A 035446586
A A 035446586
CINQUENTA REAIS

JOGO NO QUADRO DOS 50

DESTAQUE ESTE TABULEIRO E USE-O NO JOGO DA PÁGINA 88 DO SEU LIVRO.

10	20	30	40	50
9	19	29	39	49
8	18	28	38	48
7	17	27	37	47
6	16	26	36	46
5	15	25	35	45
4	14	24	34	44
3	13	23	33	43
2	12	22	32	42
1	11	21	31	41

DADO ESPECIAL

DESTAQUE ESTE MOLDE E MONTE O DADO ESPECIAL QUE SERÁ USADO NO **JOGO NO QUADRO DOS 50** DA PÁGINA 88 DO SEU LIVRO.

PARALELEPÍPEDO

DESTAQUE E MONTE ESTE MOLDE DE PARALELEPÍPEDO. USE-O NA ATIVIDADE DA PÁGINA 97 DO SEU LIVRO.

MELI-MELÔ

ESTE É O **MELI-MELÔ**, UM QUADRADO SEPARADO EM CINCO PEÇAS. USE-O NAS ATIVIDADES DAS PÁGINAS 104, 109 E 135 DO SEU LIVRO.

CORRIDA DOS CEM NÚMEROS

ESCOLHA UM CARRINHO E DESTAQUE-O PARA USÁ-LO COMO MARCADOR NESTE TABULEIRO DA **CORRIDA DOS CEM NÚMEROS**. VOCÊ VAI JOGAR NAS PÁGINAS 113, 116 E 124 DO SEU LIVRO.

COLAR

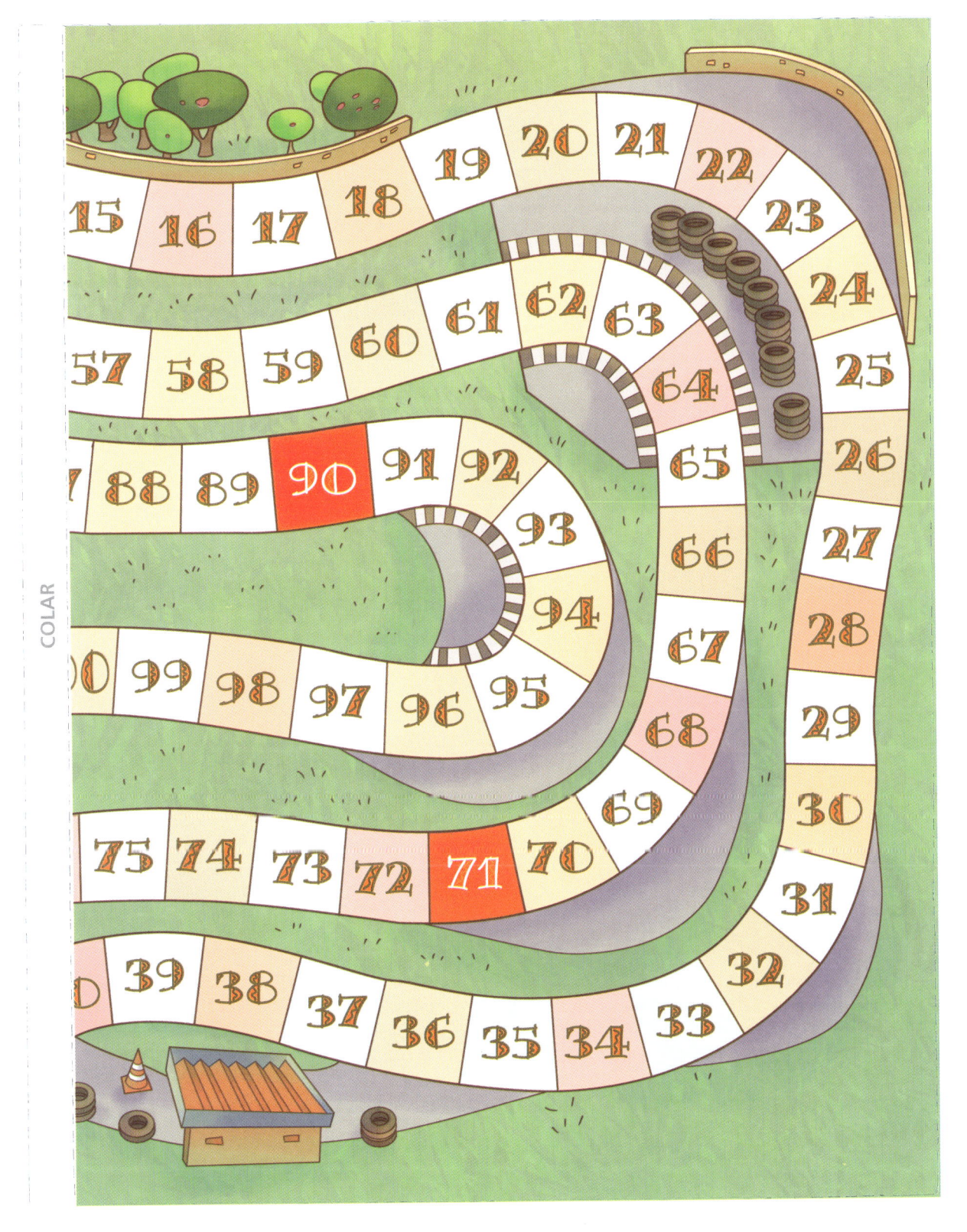

QUADRO DA CENTENA

DESTAQUE ESTE QUADRO E USE-O NA ATIVIDADE DA PÁGINA 121 DO SEU LIVRO. DEPOIS, GUARDE-O PARA USAR SEMPRE QUE PRECISAR.

1	2	3	4	5	6	7	8	9	10
11	12	13	14	15	16	17	18	19	20
21	22	23	24	25	26	27	28	29	30
31	32	33	34	35	36	37	38	39	40
41	42	43	44	45	46	47	48	49	50
51	52	53	54	55	56	57	58	59	60
61	62	63	64	65	66	67	68	69	70
71	72	73	74	75	76	77	78	79	80
81	82	83	84	85	86	87	88	89	90
91	92	93	94	95	96	97	98	99	100

MOEDA, MOEDINHA

DESTAQUE ESTAS MOEDAS E USE-AS NAS ATIVIDADES DAS PÁGINAS 122 E 123 DO SEU LIVRO.

41

Moedas: Captura via escâner

PONTINHOS

DESTAQUE O TABULEIRO E O QUADRO. USE-OS NO JOGO DA PÁGINA 136 DO SEU LIVRO.

10	1	20	1
5	10	1	5
20	10	5	1
1	20	1	10

JOGANDO PONTINHOS

MEUS PONTOS							
PONTOS DO MEU COLEGA							

PONTINHOS

DESTAQUE O TABULEIRO E O QUADRO E USE-OS NO JOGO DA PÁGINA 142 DO SEU LIVRO.

10	1	20	1	
5	10	1	5	
20	10	5	1	
1	20	1	10	

JOGANDO PONTINHOS

MEUS PONTOS							
PONTOS DO MEU COLEGA							

ENVELOPE

MONTE ESTE ENVELOPE E USE-O PARA GUARDAR AS PEÇAS DESTACADAS DESTE MATERIAL.

NELE ESCREVA SEU NOME OU COLE OS ADESIVOS COM AS LETRAS DA PÁGINA 63 DESTE MATERIAL.

COLAR

NOME: _____

COLAR

49

Parte integrante do livro **Faça matemática – saber**, 1º ano. Editora FTD. Venda e reprodução proibidas.

51

53

Parte integrante do livro **Faça matemática – saber**, 1º ano. Editora FTD. Venda e reprodução proibidas.

55

CALENDÁRIO

DESTAQUE ESTES ADESIVOS E COLE-OS NO **CALENDÁRIO 1** DA PÁGINA 5 DESTE MATERIAL.

1	2	3	4	5
6	7	8	9	10
11	12	13	14	15
16	17	18	19	20
21	22	23	24	25
26	27	28	29	30
31				

JANEIRO
FEVEREIRO
MARÇO
ABRIL
MAIO
JUNHO

JULHO
AGOSTO
SETEMBRO
OUTUBRO
NOVEMBRO
DEZEMBRO

CALENDÁRIO

DESTAQUE ESTES ADESIVOS E COLE-OS NO **CALENDÁRIO 2** DA PÁGINA 7 DESTE MATERIAL.

1	2	3	4	5
6	7	8	9	10
11	12	13	14	15
16	17	18	19	20
21	22	23	24	25
26	27	28	29	30
31				

JANEIRO
FEVEREIRO
MARÇO
ABRIL
MAIO
JUNHO

JULHO
AGOSTO
SETEMBRO
OUTUBRO
NOVEMBRO
DEZEMBRO

A TRILHA DA AVENTURA

DESTAQUE ESTES ADESIVOS E USE-OS NA ATIVIDADE DA PÁGINA 39 DO SEU LIVRO.

AS IMAGENS REPRESENTADAS NESTA PÁGINA NÃO ESTÃO PROPORCIONAIS ENTRE SI.